BEI GRIN MACHT SICH IHR WISSEN BEZAHLT

- Wir veröffentlichen Ihre Hausarbeit, Bachelor- und Masterarbeit

- Ihr eigenes eBook und Buch - weltweit in allen wichtigen Shops

- Verdienen Sie an jedem Verkauf

Jetzt bei www.GRIN.com hochladen und kostenlos publizieren

Bibliografische Information der Deutschen Nationalbibliothek:

Die Deutsche Bibliothek verzeichnet diese Publikation in der Deutschen Nationalbibliografie; detaillierte bibliografische Daten sind im Internet über http://dnb.d-nb.de/ abrufbar.

Dieses Werk sowie alle darin enthaltenen einzelnen Beiträge und Abbildungen sind urheberrechtlich geschützt. Jede Verwertung, die nicht ausdrücklich vom Urheberrechtsschutz zugelassen ist, bedarf der vorherigen Zustimmung des Verlages. Das gilt insbesondere für Vervielfältigungen, Bearbeitungen, Übersetzungen, Mikroverfilmungen, Auswertungen durch Datenbanken und für die Einspeicherung und Verarbeitung in elektronische Systeme. Alle Rechte, auch die des auszugsweisen Nachdrucks, der fotomechanischen Wiedergabe (einschließlich Mikrokopie) sowie der Auswertung durch Datenbanken oder ähnliche Einrichtungen, vorbehalten.

Impressum:

Copyright © 2016 GRIN Verlag
Druck und Bindung: Books on Demand GmbH, Norderstedt Germany
ISBN: 9783668788343

Dieses Buch bei GRIN:

https://www.grin.com/document/439116

Marimilian Kerber

Vollzeitpflege. Historische Entwicklung, rechtliche Grundlagen und verschiedene Formen von Pflegefamilien

GRIN Verlag

GRIN - Your knowledge has value

Der GRIN Verlag publiziert seit 1998 wissenschaftliche Arbeiten von Studenten, Hochschullehrern und anderen Akademikern als eBook und gedrucktes Buch. Die Verlagswebsite www.grin.com ist die ideale Plattform zur Veröffentlichung von Hausarbeiten, Abschlussarbeiten, wissenschaftlichen Aufsätzen, Dissertationen und Fachbüchern.

Besuchen Sie uns im Internet:

http://www.grin.com/

http://www.facebook.com/grincom

http://www.twitter.com/grin_com

Vollzeitpflege

Seminararbeit im Studienschwerpunkt Sozialhilfe

I Abkürzungsverzeichnis

AdVermG	Adoptionsvermittlungsgesetz
ASD	Allgemeine Soziale Dienst
BGB	Bürgerliches Gesetzbuch
i. V. m.	in Verbindung mit
PKD	Pflegekinderdienst (Fachdienst im Jugendamt)
SGB	Sozialgesetzbuch

Inhaltsverzeichnis

1. Einleitung 3
2. Grundlegendes zur Vollzeitpflege 3
   2.1 Historische Entwicklung des Pflegekinderwesens 3
   2.2 Was ist unter Vollzeitpflege zu verstehen? 4
   2.3 Formen von Pflegefamilien 5
       2.3.1 Bereitschaftspflege und Kurzzeitpflege 5
       2.3.2 Dauerpflege 5
       2.3.3 Erziehungsstelle und/oder Heilpädagogische Pflegestellen 6
       2.3.4 Adoptionspflege 6
       2.3.5 Privates Pflegeverhältnis 6
3. Rechtliche Grundlagen und Rahmenbedingungen 7
   3.1 Freiwilligkeit und Zwang 7
   3.2 Pflegeerlaubnis gemäß § 44 SGB VIII und Sicherung des Kindeswohls 7
   3.3 Pflegegeld 8
4. Unterbringung in einer Pflegefamilie 9
   4.1 Aktuelle Zahlen 9
   4.2 Gründe für die Unterbringung in einer Pflegefamilie 10
   4.3 Faktoren, die Einfluss auf die Unterbringung nehmen 11
   4.4 Ziele und Perspektiven der Vollzeitpflege 11
   4.5 Zusammenarbeit mit den Herkunftseltern 12

1. Einleitung

In dieser kurzen Seminararbeit geht es um die Vollzeitpflege. Es wird von der historischen Entwicklung bis hin zum aktuellen Verständnis von der Vollzeitpflege alle wichtigen Fakten erläutert. Ebenfalls wird auf unterschiedliche Formen der Vollzeitpflege eingegangen.

2. Grundlegendes zur Vollzeitpflege

Das folgende Kapitel umfasst allgemeine Informationen rund um das Thema Pflegefamilie. Zunächst wird aufgezeigt, wie das Pflegekinderwesen entstanden ist, und was die heutige Form der Vollzeitpflege beinhaltet. Daran anschließend werden verschiedene Formen der Vollzeitpflege erläutert. Der letzte Teil dieses Kapitels nimmt inhaltlich die Rahmenbedingungen und rechtlichen Grundlagen der Vollzeitpflege ein.

2.1 Historische Entwicklung des Pflegekinderwesens

Die Ursprünge der Fremdbetreuung von Kindern und Jugendlichen lassen sich auf zwei historische Tatbestände zurückführen. So war es *erstens* bereits im römischen Zeitalter üblich, dass Kinder nicht von ihren leiblichen Eltern, sondern von *Ammen* aufgezogen wurden. Diese Kultur ist bis ins 20. Jahrhundert hinein zu finden. Die *zweite* Herkunft lässt sich in der *Fürsorge* wiederfinden. Hier nahm man sich elternlosen oder ausgesetzten Kindern an und übergab diese in die Fürsorge von Klöstern oder Familien. Die Fürsorgebewegung war auf eine christliche Grundhaltung begründet und sollte die Kinder vor dem sicheren Tod bewahren (vgl. Nienstedt/Westermann 2007, S.271).

Die Pflegekinder im historischen Kontext waren häufig uneheliche Kinder oder stammten aus armen Verhältnissen. So gehörte auch das frühe Pflegekinderwesen der Armenfürsorge an (vgl. Blandow/Ristau-Grzebelko 2010, S. 31). Vor dem 13. Jahrhundert wurden verwaiste Kinder in *Hospitälern* aufgenommen, etwas später baute die Kirche sogenannte *Findel- und Waisenhäuser* auf, gleichzeitig entstanden Anstalten für die Unterbringung aus-gesetzter Kinder. Die Kinder wurden von den Hospitälern zum Betteln geschickt und waren sich selbst überlassen, sobald sie alt genug waren ihren „Lebensunterhalt" durch Almosen zu erbetteln. Im 17. Jahrhundert wurden Kinder in *Zuchthäusern* untergebracht, in denen sie täglich harte Arbeit verrichten mussten (vgl. Jordan et al. 2012, S. 25 ff.). Im 18. Jahr-hundert sorgten schlechte hygienische Bedingungen und eine daraus resultierende hohe Kindersterblichkeit in den Waisenhäusern für Aufsehen. Auch im 19. Jahrhundert waren die Unterbringungsorte für Kinder geprägt von einer hohen Sterblichkeitsrate, schlechter gesundheitlicher Versorgung, Ausbeutung und harter Arbeit. Erste Änderungen des Pflegekinderwesens erfolgten im 19. Jahrhundert, als der Kinderarzt Taube Ende forderte, für alle unehelichen Kinder einen amtlichen Vormund zu bestellen, was Anfang des 20. Jahrhunderts mit der Einführung der

Amtsvormundschaft umgesetzt wurde (vgl. Faltermeier 2001, S. S. 17 f.). Eine einheitliche Regelung des Pflegekinderwesens entstand 1922 durch das Reichsjugendwohlfahrtsgesetz. Unter anderem wurden die Jugendämter zur Aufsicht der Pflegekinderhilfe bestellt. Ab den 70er Jahren folgten Leistungen für Pflegeeltern und eine Spezialisierung der Pflegekinderdienste. Erst in den 80er Jahren wurde der Herkunftsfamilie eine wichtige Bedeutung zugeschrieben und es wurde begonnen diese ebenfalls zu unterstützen. Im selben Zeitintervall wurden die sogenannten *Bereitschaftspflegefamilien* geschaffen. Mit Inkrafttreten des Kinder- und Jugendhilfegesetztes (KJHG) 1991 gewann die Herkunftsfamilie weiter an Bedeutung, weshalb nun bei den Hilfen zur Erziehung vermehrt bei den Kindeseltern angesetzt wurde. Daraus entwickelte sich das heutige Verständnis einer Fremdunterbringung als ultima ratio. Nach Blandow und Ristau-Grzebelko (2010, S. 31 ff.) ergibt sich daraus in der Praxis folgendes Bild: Werden Kinder erst dann fremdunter-gebracht, wenn ambulante Hilfen scheitern, hat dies zur Folge, dass die Kinder zum Zeit-punkt der Unterbringung immer älter sind, sie bereits Erfahrungen aus der Jugendhilfe mit-bringen und häufiger Bindungs- und Verhaltensstörungen aufweisen, wenn der Versuch die Herkunftsfamilie zu unterstützen gescheitert ist. Nachdem dieser Abschnitt aufzeigt, wie sich die Vollzeitpflege bis zur heutigen Zeit entwickelt hat, wird im folgenden Unterpunkt die Hilfeform genauer beschrieben.

2.2 Was ist unter Vollzeitpflege zu verstehen?

Die Vollzeitpflege gemäß § 33 i. V. m. § 27 SGB VIII ist eine Leistung der Jugendhilfe und zählt neben der Heimerziehung zu den stationären Hilfen zur Erziehung (vgl. Jordan et al. 2012, S. 229; vgl. Trede 2009, S.21). Es handelt sich hierbei um eine „Unterbringung, Betreuung und Erziehung eines Kindes oder Jugendlichen über Tag und Nacht außerhalb des Elternhauses in einer anderen Familie" (Struck/Trenczek 2013, S.362). Die sorgeberechtigten Eltern haben einen Rechtsanspruch auf diese Hilfe, sofern eine dem Kindeswohl entsprechende Erziehung nicht gewährleistet ist und die Vollzeitpflege als notwendige und geeignete Hilfe angesehen wird (vgl. Santen/Pluto 2014, S. 530; vgl. Wabnitz 2011, S. 39 f.). Diverse Situationen können dazu führen, dass ein Kind oder Jugendlicher nicht mehr bei seinen leiblichen Eltern leben kann. Explizit werden diese im Kapitel 3.2 aufgeführt. Die Vollzeitpflege bietet Kindern und Jugendlichen einen familiären Rahmen mit Vertrautheit, Normalität, Informalität und beständigen Bezugspersonen. Die Nähe, die dieser familiäre Rahmen bietet, kann jedoch auch Nachteile mit sich bringen, wie beispielsweise „emotio-nale Verstrickungen, die Isolation, die geringen Ressourcen zum Krisenmanagement" (Trede 2009, S. 22).

Die Unterbringung in einer Pflegefamilie kann laut Gesetzestext (§ 33 SGB VIII) befristet oder auf Dauer erfolgen. Der Übergang von einem befristeten Pflegeverhältnis in ein dauerhaftes kann fließend sein. So kann ein Kind z.B. befristet in einer Bereitschaftspflege oder einer

Kurzzeitpflege untergebracht sein und währenddessen ergibt sich der Bedarf eines dauerhaften Pflegeverhältnisses. Andersherum kann ein Kind mit langfristiger Perspektive untergebracht werden und aufgrund verschiedener Bedingungen doch frühzeitig zur Herkunftsfamilie zurückkehren (vgl. Struck/Trenczek 2013, S. 364). Nach dieser ersten Einführung werden im Folgenden unterschiedliche Formen der Vollzeitpflege erläutert.

2.3 Formen von Pflegefamilien

Die Kinder- und Jugendhilfe, insbesondere das Jugendamt, kann heutzutage auf diverse Formen der Familienpflege zurückgreifen. Sie unterscheiden sich teils in Bezug auf die Unterbringungsdauer, teils in Bezug auf die Zielgruppe oder die Qualifizierung der Pflegeeltern. Ein Kind oder Jugendlicher kann regulär gemäß § 33 i. V. m. §27 SGB VIII untergebracht werden. Es gibt jedoch auch einige andere Paragraphen, unter welchen die Hilfe zur Erziehung durchgeführt werden kann. Zu nennen wäre hier beispielsweise die Hilfe für junge Volljährige gemäß § 41 SGB VIII, die Eingliederungshilfe für seelisch behinderte Kinder gemäß § 35a SGB VIII in stationärer Form und eine vorläufige Unterbringung bei einer Pflegefamilie im Rahmen einer Inobhutnahme gemäß § 42 SGB VIII (vgl. Kindler 2014, S.123 f.).

Struck (2013, S. 363) verweist darauf, dass mehrere Konstellationen bei der Form einer Pflegefamilie zu berücksichtigen sind. Demnach muss die Jugendhilfe auch unverheiratete Paare oder Einzelpersonen als Pflegepersonen in Betracht ziehen und nicht nur „das klassische Familienmodell" bevorzugen. Welche Formen der Vollzeitpflege es generell gibt, wird in den folgenden Unterpunkten erläutert.

2.3.1 Bereitschaftspflege und Kurzzeitpflege

Die Bereitschaftspflege übernimmt in Not- und Krisensituation kurzfristig die Betreuung eines Kindes. Dies kann sowohl im Rahmen einer Inobhutnahme gemäß § 42 SGB VIII geschehen, als auch regulär gemäß § 33 SGB VIII oder für seelisch behinderte Kinder gemäß § 35a SGB VIII. Bei der Bereitschaftspflege handelt es sich um eine zeitlich befristete, nur vorübergehende Versorgung des Kindes (vgl. Küfner/Schönecker 2010, S. 54 f.; vgl. Jordan et al. 2012, S. 237). Die Kurzzeitpflegestelle nimmt Kinder auf, wenn die leiblichen Eltern für eine bestimmte Zeit ausfallen, beispielsweise aufgrund eines Krankenhausaufenthaltes. Die Kinder werden dann für einen Zeitraum von mehreren Tagen bis Wochen in der Kurzzeitpflege betreut und versorgt (vgl. Ebel 2009, S. 21). Die Kurzzeitpflege wird auch Übergangspflege genannt (vgl. Jordan et al. 2012, S. 238).

2.3.2 Dauerpflege

Wie der Name bereits vermuten lässt, handelt es sich hierbei um eine auf Dauer angelegte Form der Vollzeitpflege. Die Unterbringung von Kindern erfolgt hier mit oder ohne eine kontinuierliche Mitwirkung ihrer leiblichen Eltern (vgl. Jordan et al. 2012, S. 238; vgl. Struck/ Trenczek 2013, S. 364). Jordan et al. (2012, S. 238) zählen auch die Sonderformen der sozialpädagogischen Pflegestellen sowie die Erziehungsstellen zu den Typen der Dauerpflege.

2.3.3 Erziehungsstelle und/oder Heilpädagogische Pflegestellen

Diese Formen der Erziehung außerhalb der Herkunftsfamilie richten sich besonders an Kin-der mit erhöhtem Förderbedarf. Kinder mit auffälligem Verhalten oder starken Entwicklungsbeeinträchtigungen werden seltener in einer „normalen Pflegefamilie" aufgenommen, sondern aufgrund von zusätzlichen therapeutischen Leistungen meist in eine professionelle Erziehungsstelle oder in eine sozial-, heil- oder sonderpädagogische Pflegefamilie vermittelt (vgl. Struck/Trenczek 2013, S. 365; vgl. Ebel 2009, S. 29 ff). Besonderheit dieser Pflegeformen ist zudem, dass von mindestens einem Pflegeelternteil eine pädagogische oder psychologische Qualifikation gefordert wird (vgl. Ebel 2009, S. 29), welche jedoch „keine zwingende Voraussetzung" (Struck/Trenczek 2013, S. 365) ist. Die Pflegeeltern erhalten bei diesen Formen der Vollzeitpflege zudem ein höheres Pflegegeld als „normale Pflegefamilien". Die Unterbringung von Kindern in Erziehungsstellen erfolgt meist nach § 34 SGB VIII. Heilpädagogische Pflegefamilien werden hingegen meist nach § 33 SGB VIII (= Voll-zeitpflege) oder § 35a SGB VIII (= Eingliederungshilfe für seelisch behinderte Kinder und Jugendliche) belegt. Die Erziehungsstellen bieten zudem nur Platz für etwa zwei bis drei Kinder. Da die Erziehungsstellen meist in Zusammenarbeit mit freien Trägern oder Trägervereinen stehen, erfolgt die Belegung über die jeweiligen Träger (vgl. Ebel 2009, S. 30 ff.).

2.3.4 Adoptionspflege

Bei einer Adoptionspflege wird ein Kind von einer Pflegefamilie aufgenommen, die das Kind gerne adoptieren möchte. Rechtlich geregelt ist dieses Pflegeverhältnis im § 8 AdVermG. Es handelt sich hierbei gemäß §1744 BGB um eine *rechtlich besonders bestimmte Form eines Pflegeverhältnisses* (vgl. Jordan et al. 2012, S.238 f.) und zählt somit nicht zu den Pflegeverhältnissen im Rahmen einer HzE (vgl. Küfner/Schönecker 2010, S. 56). Ziel der Adoptionspflege ist, dass sich das Kind bei seinen potentiellen Adoptiveltern eingewöhnen kann und das Vormundschaftsgericht eine Aussage darüber treffen kann, ob eine Adoption in genau diese Familie dem Kindeswohl entspricht. Das Sorgerecht hat während dieser Pflegeform das Jugendamt inne (vgl. Ebel 2009, S. 23 f.). Näheres zum Thema Adoption wird im zweiten Teil dieser Ausarbeitung behandelt.

2.3.5 Privates Pflegeverhältnis

Das private Pflegeverhältnis meint die Erziehung eines Kindes oder Jugendlichen bei Verwandten – auch Verwandtschaftspflege genannt. Diese Form kann sowohl als Hilfe zur Erziehung, als auch unabhängig vom Jugendhilfekontext bestehen (vgl. Struck/Trenczek 2013, S. 363). Damit die Verwandtenpflege als HzE gewährt werden kann, muss vom Jugendamt ein erzieherischer Bedarf festgestellt werden und diese Hilfeform als geeignet und notwendig angesehen werden. Sind diese Voraussetzungen erfüllt, können auch die Ver-wandten gemäß § 39 SGB VIII Leistungen zum Unterhalt erhalten (vgl. ebd.; vgl. Jordan et al. 2012, S. 230).

3. Rechtliche Grundlagen und Rahmenbedingungen

Dieses Kapitel soll einen Überblick über die Rahmenbedingungen einer Vollzeitpflege geben.

3.1 Freiwilligkeit und Zwang

Die Notwendigkeit einer Erziehung außerhalb der Herkunftsfamilie kommt dann zum Tragen, wenn die Betreuung und Erziehung des Kindes bei seinen leiblichen Eltern nicht dem Kindeswohl entspricht. Die Unterbringung kann mit Einwilligung der Eltern erfolgen, sie kann demgegenüber aber auch gegen den Willen der Eltern eingeleitet werden. Letzteres steht in Zusammenhang mit einer (möglichen) Kindeswohlgefährdung gemäß § 8a SGB VIII und dem Fall, dass die Personensorgeberechtigten nicht gewillt oder nicht in der Lage sind diese Gefährdung abzuwenden. In diesem Fall kann eine Herausnahme des Kindes gemäß § 1666 BGB vom Familiengericht angeordnet werden (vgl. Jordan et al. 2012, S. 228). Ein Kind kann jedoch auch dann in einer Pflegefamilie untergebracht werden, wenn die Eltern von sich aus Hilfe zur Erziehung in Anspruch nehmen möchten, beispielsweise, weil sie sich mit der Versorgung und Erziehung des Kindes überfordert fühlen. Wenn es sich um die Vollzeitpflege im Rahmen einer Hilfe zur Erziehung gemäß § 27 i. V. m § 33 SGB VIII handelt, ist das zuständige Jugendamt für die Vermittlung in ein geeignetes Pflegeverhältnis verantwortlich (vgl. Küfner/Schönecker 2010, S. 56). Krause (2009, S. 44) weist daraufhin, dass es seitens des Jugendamtes immer um die Unterscheidung zwischen *Förderung* und *Intervention* gehe. Steht die Förderung im Vordergrund, so ist immer der Rechtsanspruch der Personensorgeberechtigten auf Hilfe und Unterstützung zu berück-sichtigen. Stehen hingegen eine Kindeswohlgefährdung und die Abwendung der Gefahr im Zentrum, so gehe es um eine Intervention. Faltermeier benennt eine Fremdunterbringung des Kindes letztendlich immer als Intervention, er spricht sogar von einer „Zwangsintervention" (Faltermeier 2001, S. 166), da eine Zustimmung der Eltern häufig nur unter Druck stattfindet.

3.2 Pflegeerlaubnis gemäß § 44 SGB VIII und Sicherung des Kindeswohls

Vor der „Inpflegegabe" eines Kindes sind einige Voraussetzungen zu prüfen und Bedingungen sicherzustellen. So ist es auf den ersten Blick erforderlich, dass eine Pflegefamilie (oder Pflegestelle etc.) über eine Pflegeerlaubnis gemäß § 44 SGB VIII verfügt. Bei genauerer Betrachtung des Gesetzestextes wird jedoch deutlich, dass dies nicht auf Pflegeverhält-nisse zutrifft, die vom Jugendamt im Rahmen einer Hilfe zur Erziehung gewährt werden. In der Fachsprache wird dieses Phänomen „Erlaubnisvorbehalt" (Lakies 2013, S. 478) genannt. Durch die Pflegeerlaubnis soll sichergestellt werden, dass Kinder und Jugendliche nur in Pflegefamilien untergebracht werden, in denen *erstens* das Kindeswohl gesichert und die *zweitens* fachlich-pädagogischen Anforderungen von Jugendhilfeleistungen entsprechen (vgl. ebd.). Jordan et al. (2012, S. 280) zufolge werde bei Vermittlungen durch das Jugendamt darauf vertraut, dass die vom Jugendamt belegten Pflegefamilien den bestehenden Anforderungen entsprechen. Daher sei eine offizielle Pflegeerlaubnis nach § 44 SGB VIII nicht mehr notwendig. Mögliche Gefährdungen des Kindeswohls seien im Verlauf des Pflegeverhältnisses durch die fachliche Begleitung der Pflegefamilie zu erkennen (vgl. ebd.), bzw. könne der Schutz der Kinder durch die Beratung und Unterstützung der Pflege-personen sichergestellt werden (vgl. Lakies 2013, S. 469). In diesem Zusammenhang ist zu erwähnen, dass Pflegepersonen einen Anspruch auf ortsnahe Beratung und Unterstützung haben. Dies wurde erneut im Bundeskinderschutzgesetz (BKiSchG) 2012 verankert (vgl. Struck/Trenczek 2013, S. 364).

Münstermann (2013, S. 56) hält bereits die Prüfungsprozesse der Pflegefamilien vor der eigentlichen Vermittlung für den ersten wichtigen Punkt im Bereich Kinderschutz. Dem entgegen ist Gläss (2013, S. 176) der Ansicht, dass Kontrolle, strenge Auswahlkriterien und Überprüfungen von Pflegefamilien nicht so effektiv seien, wie eine qualitativ hochwertige Begleitung und Unterstützung der Pflegepersonen und Pflegekinder. Hierbei spielt auch die Frage nach Besuchskontakten zu den leiblichen Eltern eine Rolle und inwiefern diese dem Kindeswohl entsprechen, oder für das Kind möglicherweise mit Angst und Aggressionen verbunden sind (vgl. Nienstedt/Westermann 2007, S. 234 ff.).

3.3 Pflegegeld

Bei einer Unterbringung in einer Pflegefamilie im Rahmen einer HzE erhält die Pflegefamilie Leistungen zum Unterhalt des Kindes oder des Jugendlichen gemäß § 39 SGB VIII (vgl. Ebel 2009, S. 28). Diese Leistungen („Pflegegeld") beinhalten Sachkosten, die sich aus einer Summe für den Lebensunterhalt und die Wohnkosten des Kindes zusammensetzen. Zusätzlich umfasst das Pflegegeld die finanzielle Entschädigung für ihre Erziehungsleistungen. Die Höhe des Pflegegeldes ist vom Alter des Kindes abhängig. Derzeit beträgt die Gesamtsumme in Baden-Württemberg 771 € für Kinder von 0-6, 851 € für Kinder von 6-12 und 938 € für Kinder von 12 bis 18 Jahren. Das Pflegegeld wird steuerrechtlich nicht als Einkommen angesehen (vgl. KVJS-Ratgeber 2015, S. 18). Neben diesen Leistungen wird den Pflegeeltern ebenfalls ein Betrag zur Alterssicherung zugesprochen (entspricht etwa der Hälfte des Betrages für die gesetzliche Rentenversicherung), sowie der Beitrag für eine Unfallversicherung. Den

Pflegeeltern wird auch das Kindergeld für die Kinder, die auf Dauer bei ihnen leben, ausbezahlt. Dieses wird allerdings prozentual auf das Pflegegeld angerechnet. Den Pflegefamilien steht darüber hinaus finanzielle Unterstützung bei der Erstausstattung für die Pflegekinder gemäß § 39 (3) SGB VIII zu. Ebenso können Zuschüsse für besondere persönliche Anlässe, wie z.b. Klassenfahrten oder Einschulung, beantragt wer-den (vgl. Ebel 2009, S. 28 f.).

4. Unterbringung in einer Pflegefamilie

Dieses Kapitel bietet einen Überblick darüber, wie Kinder in einer Pflegefamilie aufwachsen und aus welchen Gründen eine Unterbringung meist erforderlich ist. Zudem werden Einflussfaktoren auf und Konzepte der Vollzeitpflege aufgezeigt. Des Weiteren werden mögli- che Perspektiven der Hilfeform erläutert, v.a. unter dem Aspekt der Rückführung eines Kin- des in seine Ursprungsfamilie, woran sich im letzten Teil des Kapitels die Zusammenarbeit mit den leiblichen Eltern anschließt.

4.1 Aktuelle Zahlen

Im Jahr 2014 wurden deutschlandweit 16 082 Pflegeverhältnisse begonnen. Am Stichtag des 31.12.2014 wurden insgesamt 69 823 vollstationäre Hilfen in einer Pflegefamilie gezählt (Statistisches Bundesamt 2015 A). Anhand einer Vergleichsstatistik lässt sich zudem festhalten, dass die Unterbringung in einer Pflegefamilie seit 1991 stetig ansteigt. Zwischen 2012 und 2013 stieg die Zahl um beachtliche 3000 Unterbringungen. Von 2013 auf 2014 gab es einen erneuten Anstieg von 2000 Fällen (Statistisches Bundesamt 2015 B). Gemes- sen am Alter sind die meisten Kinder, die in einer Pflegefamilie leben zwischen sechs und neun Jahre alt, gefolgt von Kindern und Jugendlichen zwischen 12 und 15 Jahren, bzw. fast mit demselben Anteil die Neun- bis Zwölfjährigen. Von der Gesamtzahl der 69 823 vollsta- tionären Hilfen werden 65 879 für minderjährige Kinder geleistet. Etwa 4000 Pflegekinder sind bereits volljährig. Insgesamt sind alle Altersspannen vertreten, von unter 1 Jahr bis hin ins junge Erwachsenenalter. Ein erstaunlicher Anteil der Kinder und Jugendlichen kommt aus Herkunftsfamilien mit mindestens einem ausländischen Elternteil (etwa 14 700 Kinder) (Statistisches Bundesamt 2015 C).

Die Dauer eines Pflegeverhältnisses gemäß § 33 SGB VIII beträgt laut Erhebungen von 2014 im Schnitt 43 Monate. Die Geschlechterverteilung wiegt ungefähr gleich auf (vgl. Sta- tistisches Bundesamt 2016). In ¾ der Fälle wurde für die Kinder oder Familien vor der Un- terbringung in eine Pflegefamilie bereits eine andere Hilfeform der HzE gewährt. Den größ- ten Teil der vorangegangenen Hilfen nehmen deutschlandweit betrachtet mit 18,7 % die ambulanten Hilfen ein, gefolgt von vorläufigen Schutzmaßnahmen (10,9 %). Etwa 8,5 % der betroffenen Kinder haben zuvor bereits in einer anderen Pflegefamilie gelebt (entweder im Rahmen einer Bereitschaftspflege oder regulär), in Baden-Württemberg sogar 13,6 % der Kinder (KVJS 2009, S. 15 f.).

Nach Beendigung einer Hilfe wurden im Jahr 2005 in Baden-Württemberg 47,1 % der Kin- der und Jugendlichen zu ihren Eltern(teilen) zurückgeführt, bezogen auf die gesamte BRD waren es 39, 7 %. Mit etwa 30 % verbleiben die jungen Menschen in Ba-Wü und Deutsch- land insgesamt etwa gleich häufig in der Pflegefamilie. Bei 11 % geht die Vollzeitpflege in eine Heimerziehung gemäß § 34 SGB VIII über. Im Anschluss an die Vollzeitpflege leben hingegen zwischen 8,6 und 12,8 % der Betroffenen in einer eigenen Wohnung (KVJS 2009, S. 21).

4.2 Gründe für die Unterbringung in einer Pflegefamilie

Die Einleitung einer vollstationären Hilfe zur Erziehung findet dann statt, wenn sie vom Jugendamt als notwendig und geeignet angesehen wird. Doch welche Bedingungen führen dazu, dass ein Kind nicht mehr bei seiner Herkunftsfamilie leben kann?

Die Gründe, die zu einer Fremdunterbringung von Kindern führen sind meist bedingt durch diverse Problemlagen der Herkunftsfamilie. Häufig erfahren die Kinder vor der Inpflegegabe Vernachlässigung, unzureichende Versorgung, Erziehungsprobleme seitens der Kindeseltern, Störungen der innerfamiliären Beziehungen, Suchterkrankung eines oder beider El- ternteile, sowie andauernde Überforderung der Erziehungspersonen (vgl. Sauer 2008, S. 57 f.). Nienstedt und Westermann (2007, S. 22) beziehen sich auf die Fakten einer bundes- weiten Studie, wenn sie festhalten, dass eine hohe Anzahl an Kindern in Pflegefamilien aus „Multiproblem-familien mit chronifizierten Problemlagen" (Nienstedt/Westermann 2002, S.

22) stammen. Demnach seien auch familiäre Gewalt und Misshandlung ein großes Thema bei einer Fremdunterbringung. Bei den Misshandlungsformen handelt es sich sowohl um psychische, als auch physische Misshandlung. Ebenfalls sind Kinder in ihrer Familie immer wieder sexuellem Missbrauch ausgesetzt, was ebenfalls ein entscheidender Grund für eine Herausnahme des Kindes sein kann. Eine bedeutsame Rolle spielen zudem psychische Erkrankungen der Eltern (vgl. ebd., S. 21 f.). Die Kinder stammen zudem häufig aus zerrüt- teten Familienverhältnissen mit alleinerziehenden Müttern und haben in ihrer Herkunftsfa- milie unsichere Bindungserfahrungen gemacht (vgl. Sauer 2008, S. 71 ff.). Den alleinerzie- henden Elternteilen fehlt es häufig an sozialer Unterstützung und einem ausreichenden so- zialen Netzwerk (vgl. Faltermeier 2001, S. 148). Es kann trotz der hier aufgezählten Bedin- gungen nicht automatisch darauf geschlossen werden, dass diese immer der Grund für eine Fremdunterbringung des Kindes sind. Häufig ist eher eine Kumulation der Problemlagen entscheidend, beispielsweise, wenn Armut, enge Wohnverhältnisse, Deprivation, psychi- sche

Belastungen und gesundheitliche Einschränkungen aufeinandertreffen und somit das Gefährdungsrisiko des Kindes erhöhen (vgl. Winkler 2005, S. 716 f.).

4.3 Faktoren, die Einfluss auf die Unterbringung nehmen

Das Kinder- und Jugendhilfegesetz (SGB VIII) weist auf die Bedingung hin, dass bei der Vermittlung eines Kindes in eine Pflegefamilie dessen Alter, Entwicklungsstand und persönliche Bindungen zu berücksichtigen sind. Auch ist zu beachten, inwiefern die Erziehungsbedingungen in der Herkunftsfamilie verbessert werden können. Etwas genauer beschreibt Ebel (2009, S. 18), dass auch die Vorgeschichte des Kindes zu berücksichtigen ist, ebenso seine Auffälligkeiten und die Wünsche von Eltern und jungem Menschen. Eine Unterbringung ist zudem auch von den regionalen Möglichkeiten und Angeboten, sowie vom Konzept des zuständigen Jugendamtes abhängig.

So bestehen beispielsweise zwei unterschiedliche Konzepte der Vollzeitpflege. Diese entspringen gegensätzlichen Ansichten bezüglich der Bedeutung der Herkunftsfamilie. Nach psychoanalytischer Sichtweise gilt die Vollzeitpflege als Ersatzfamilie, nach familiensystemischer Auffassung hingegen als Ergänzungsfamilie (vgl. Ebel 2009, S. 47). So sieht das *Ersatzfamilienkonzept* die Pflegefamilie bei einem dauerhaften Verbleib des Kindes als Er- satz für die Herkunftsfamilie an. Da Pflegekinder nicht selten aus traumatisierenden, wenig sicheren und bindungsgestörten Elternhäusern kommen, soll ihnen in der Pflegefamilie er- möglicht werden, neue Beziehungen aufzubauen. Hierzu ist dem Konzept zufolge notwen- dig, dass die Eltern sich nach und nach von ihren Kindern ablösen, ihre Elternrolle aufgeben und auch auf Besuchskontakte beinahe ganz verzichten (vgl. Sauer 2008, S. 22 f.). Dem- gegenüber steht das *Ergänzungsfamilienkonzept*, wonach die Pflegefamilie eine ergän- zende Rolle zur Herkunftsfamilie einnimmt. Die Beziehungen des Kindes zu seinen leibli- chen Eltern sollen demnach -wenn möglich- bestehen bleiben (vgl. ebd., S. 24 f.). Gesetz- lich wird keine der beiden Konzepte bevorzugt angesehen, vielmehr ist das jeweilige Kon- zept abhängig vom individuellen Einzelfall anzuwenden (vgl. Struck 2013, S. 365). Dies beeinflusst wiederum die Ziele, die mit der Hilfe der Vollzeitpflege erreicht werden sollen und die Perspektive der Unterbringung. Diese Inhalte werden im nächsten Punkt ausge- führt.

4.4 Ziele und Perspektiven der Vollzeitpflege

Je nach Situation der Herkunftsfamilie kann eine Vollzeitpflege vorübergehend oder auf Dauer angelegt sein. Hiervon ist in dem Fall abhängig, ob das oberste Ziel der Hilfe die Rückführung des Kindes zu den leiblichen Eltern darstellt, oder ob anvisiert wird, dass das Kind bei der Pflegefamilie ein langfristiges zu Hause erhält. Die Perspektive und die Ziele müssen auf den individuellen Einzelfall abgestimmt sein und im Rahmen der Hilfeplanung mit den Beteiligten besprochen und erarbeitet werden (vgl. Kindler 2010, S. 345).

Nach der gesetzlichen Grundlage des § 37 (1) SGB VIII soll zunächst auf eine Verbesse- rung der Situation in der Herkunftsfamilie hingearbeitet werden. Die Vollzeitpflege hätte so- mit eine befristete Perspektive. Erst wenn diese Veränderung nicht erreicht werden kann, soll die Hilfe auf Dauer angelegt werden (vgl. Sauer 2008, S. 58 f.).

Bezüglich der Perspektive der VZP kommt es leider vor, dass das Jugendamt widersprüch- liche Informationen an die Beteiligten weitergibt. So wird beispielsweise den Herkunftseltern gesagt, dass eine Rückführung anvisiert werden soll und es sich um eine vorübergehende Intervention handle, den Pflegefamilien hingegen wird vermittelt, dass es sich um eine lang- fristige Unterbringung handle (vgl. Ebel 2009, S. 62; vgl. Faltermeier 2001, S. 137).

Kindler (2010, S. 354) kam zu dem Ergebnis, dass diverse Umbrüche und ein mehrmaliger Wechsel des Lebensumfeldes mit enormen Belastungen für die Kinder verbunden sind, die sich negativ auf ihre Entwicklung ausüben. Er plädiert daher eher für langfristige Hilfen, die den Kindern Kontinuität bieten. Wird jedoch eine Rückführung anvisiert, müssen in Zusam- menarbeit mit den leiblichen Eltern Ressourcen aktiviert werden, auf die die Familienmit- glieder nach der Rückkehr des Kindes zurückgreifen können (vgl. Stütz 2006, S. 55). Da- neben gilt es, die Erziehungsfähigkeit der Eltern zu verbessern und die bisherige Familien- situation zu stabilisieren (vgl. Wolf 2013, S. 306).

4.5 Zusammenarbeit mit den Herkunftseltern

Die Zusammenarbeit zwischen Pflegeeltern und Herkunftsfamilie ist in § 37 SGB VIII ver- ankert. Gemeinsames Ziel der Zusammenarbeit ist das Wohl des Kindes. Mit den leiblichen Eltern ist zudem während der Hilfemaßnahme eine Verbesserung ihrer Erziehungsfähigkeit zu anvisieren, damit diese die Versorgung und Erziehung ihrer Kinder wieder selbstständig übernehmen können (§ 37 Abs. 1 SGB VIII). Darüber hinaus sind die Eltern an der Auswahl der Pflegefamilie und der Hilfeplanung zu beteiligen. Generell bezieht sich die Mitwirkung der Eltern auch auf nicht sorgeberechtigte Eltern, beispielsweise durch Besuchskontakte (vgl. Sauer 2008, S. 19 f.). So besteht sowohl auf Seiten des Kindes, als auch auf Seiten der biologischen Eltern das Recht auf Umgang gemäß § 1684 (1) BGB. Bei der Kooperation von sozialen und biologischen Eltern ist wichtig, dass sich beide Parteien ihrer jeweiligen Elternrolle bewusst sind (vgl. ebd., S. 324). Wie intensiv die Zusammenarbeit mit der Her- kunftsfamilie gestaltet wird, hängt vom jeweiligen Konzept des Jugendamtes ab (vgl. ebd., S. 25).

Nach der Unterbringung eines Kindes in eine Pflegefamilie bleibt meist die Organisations- einheit des ASD für die leiblichen Eltern Ansprechpartner, sodass dieser auch die Zusammenarbeit mit der Herkunftsfamilie übernimmt. Ein gesonderter Pflegekinderdienst (PKD) hat hingegen die Mitwirkung von Kind und Pflegeeltern sicherzustellen. Durch diese institutionellen Gegebenheiten ist eine gute Kooperation zwischen den Fachkräften beider Dienste erforderlich (vgl. Faltermeier 2001, S. 308). Genauere Aufgaben des PKD werden in Kapitel 4 erläutert.

Insgesamt stell die Kooperation und Partizipation aller Beteiligter, einschließlich der leibli- chen Eltern, eine wichtige Einflussgröße für den Hilfeprozess und den Erfolg einer Hilfe dar, da sie Akzeptanz ermöglicht (vgl. Gläss, 2013, S. 177). Dennoch ist gerade bei misshan- delnden Eltern die Frage, ob und inwiefern der Wille und die Fähigkeit zur Mitarbeit vorhan- den sind (vgl. Winkler 2005, S. 715). Besteht eine Beteiligung der Eltern, kann diese mög- licherweise durch den gesetzlich vorgeschriebenen Zuständigkeitswechsel beeinträchtigt werden. So wechselt bei einem auf Dauer angelegten Pflegeverhältnis nach zwei Jahren die örtliche Zuständigkeit des Jugendamtes gemäß § 86 (6) SGB VIII (vgl. Struck 2013, S. 365). Der hiermit verbundene Wechsel der zuständigen Fachkraft sowie die möglicherweise weitere Entfernung zu den leiblichen Eltern kann auf die Zusammenarbeit meiner Meinung nach negative Auswirkungen haben.

Die Kooperation mit den leiblichen Eltern kann jedoch auch durch eine sogenannte „Interaktionskrise" (Faltermeier 2001, S. 178 f.) beeinträchtigt werden. Eine solche Krise entsteht durch die unterschiedlichen Situationsdefinitionen von Fachkraft und Eltern. Letztere kön- nen häufig aus dem Kontext ihrer eignen Erfahrungen heraus die Problemdefinition der Sozialarbeitenden nicht nachvollziehen. Folglich gelingt ihnen keine Perspektivübernahme. Dies kann eine Interaktionskrise auslösen oder gar einen Kontaktabbruch seitens der Eltern herbeiführen. Nicht selten interpretieren die Fachkräfte die Reaktion der Eltern dann als mangelnde Kooperationsbereitschaft oder Unfähigkeit (vgl. ebd., S. 178 f., S. 267).

9 Literaturverzeichnis

Blandow, Jürgen/ Ristau-Grzebelko, Brita: Entwicklungslinien der Pflegekinderhilfe, in: Kindler, Heinz et al. (Hrsg.): Handbuch Pflegekinderhilfe, München: Deutsches Jugendinstitut e.V., 2010, S. 30-47.

Ebel, Alice: Informationen und Tipps für Pflegeeltern und Fachkräfte, Idstein: Schulz-Kirchner-Verlag GmbH, 2009.

Faltermeier, Josef: Verwirkte Elternschaft? Fremdunterbringung – Herkunftseltern – Neue Handlungsansätze, Münster: Votum Verlag, 2001.

Gläss, Holger: Kindeswohlgefährdungen in Pflegefamilien, in: Das Jugendamt, Zeitschrift für Jugendhilfe und Familienrecht, 86. Jg., 4/2013, S. 174-179.

Jordan, Erwin et al.: Kinder- und Jugendhilfe. Einführung in Geschichte und Handlungsfelder, Organisationsformen und gesellschaftliche Problemlagen, 3. überarbeitete Auflage, Weinheim und Basel: Beltz Juventa, 2012.

Kindler, Heinz: § 33 SGB VIII: Vollzeitpflege, in: Macsenaere, Michael et al. (Hrsg.): Handbuch der Hilfen zur Erziehung, Freiburg i. Brsg.: Lambertus, 2014, S. 344-375.

Kindler, Heinz: Perspektivklärung und Vermeidung von Abbrüchen von Pflegeverhältnis-sen, in: Kindler, Heinz et al. (Hrsg.): Handbuch Pflegekinderhilfe, München: Deutsches Jugendinstitut e.V., 2010, S. 48-99.

Krause, Hans-Ullrich: Ein Fall für Erziehungshilfe, in: Krause, Hans-Ullrich/ Peters, Friedhelm (Hrsg.): Grundwissen Erzieherische Hilfen. Ausgangsfragen, Schlüsselthe-men, Herausforderungen, 3. aktualisierte Auflage, Weinheim und München: Ju-venta, 2009, S. 35-57.

Küfner, Marion / Schönecker, Lydia: Rechtliche Grundlagen und Formen der Vollzeitpflege, in: Kindler, Heinz et al. (Hrsg.): Handbuch Pflegekinderhilfe, München: Deutsches Jugendinstitut e.V., 2010, S. 48-99.

Lakies, Thomas: Schutz von Kindern und Jugendlichen in Familienpflege und in Einrichtungen, in: Frankfurter Kommentar zum SGB VIII. Kinder und Jugendhilfe, 7. vollständig überarbeitete Auflage, Baden-Baden: Nomos, 2013, S. 469-500.

Münstermann, Klaus: Kindeswohl und Pflegefamilie. Der doppelte Schutzauftrag, Ibbenbüren: Eigenverlag, 2013.

Nienstedt, Monika / Westermann, Armin: Pflegekinder und ihre Entwicklungschancen nach frühen traumatischen Erfahrungen, völlig überarbeitete Neuausgabe, Stuttgart: Klett-Cotta, 2007.

Santen, Eric van/ Pluto, Liane: Organisation und Struktur der Leistungserbringung Erzieherischer Hilfen, in: MACSENAERE, Michael et al. (Hrsg.): Handbuch der Hilfen zur Erziehung, Freiburg i. Brsg.: Lambertus, 2014, S. 530-535.

Struck, Norbert: § 33 Vollzeitpflege, in: Münder, Johannes et al. (Hrsg.): Frankfurter Kommentar zum SGB VIII. Kinder- und Jugendhilfe, 7. vollständig überarbeitete Auflage, Baden-Baden: Nomos 2013.

Sauer, Stefanie: Die Zusammenarbeit von Pflegefamilie und Herkunftsfamilie in dauer-haften Pflegeverhältnissen. Widersprüche und Bewältigungsstrategien doppelter Elternschaft, Rekonstruktive Forschung in der Sozialen Arbeit, Band 5, Opladen und Farmington Hills: Barbara Budrich, 2008.

Struck, Norbert/ Trenczek, Thomas: § 33 Vollzeitpflege, in: Münder, Johannes et al. (Hrsg.): Frankfurter Kommentar zum SGB VIII. Kinder und Jugendhilfe, 7. vollständig überarbeitete Auflage, Baden-Baden: Nomos, 2013, S. 362-366.

Stütz, Judith: Elternarbeit im Rahmen der Fremdunterbringung von Kindern und Jugendlichen, Schriften zur Sozialen Arbeit BAND 2, Linz: Fachhochschul Studiengang Sozialarbeit, 2006.

Trede, Wolfgang: Was sind erzieherische Hilfen?, in: Krause, Hans-Ullrich/ Peters, Friedhelm (Hrsg.): Grundwissen Erzieherische Hilfen. Ausgangsfragen, Schlüsselthe-men, Herausforderungen, 3. aktualisierte Auflage, Weinheim und München: Juventa 2009, S. 15-34 (Basistexte Erziehungshilfen).

Winkler, Michael: Stationäre Erziehungshilfen und Pflegefamilien als neuer Lebensort, in: Deegener, Günther/ Körner, Wilhelm (Hrsg.): Kindesmisshandlung und Vernachlässigung. Ein Handbuch, Göttingen u.a.: Hogrefe, 2005, S. 709-731.

BEI GRIN MACHT SICH IHR WISSEN BEZAHLT

- Wir veröffentlichen Ihre Hausarbeit, Bachelor- und Masterarbeit

- Ihr eigenes eBook und Buch - weltweit in allen wichtigen Shops

- Verdienen Sie an jedem Verkauf

Jetzt bei www.GRIN.com hochladen und kostenlos publizieren